3

The Silhouette
COAT DRESS
by atelier KEISUZUKI

鈴木 圭

目次
CONTENTS

A Line

p.06	A1	ひざ丈 ＋ ダブルブレストのチェスターカラー ＋ 7分袖　− p.30
p.08	A2	セミロング丈 ＋ ダブルブレストのVネック ＋ 半袖　− p.46
p.09	A3	ショート丈 ＋ シングルブレストのボータイ ＋ 7分袖　− p.48
p.10	A4	ひざ丈 ＋ シングルブレストのクルーネック ＋ 7分袖　− p.50
p.11	A5	ひざ丈 ＋ ダブルブレストのラペルカラー ＋ 7分袖　− p.45
p.12	A6	ショート丈 ＋ ダブルブレストのクルーネック ＋ 7分袖　− p.53

I Line

p.14	I1	ショート丈 ＋ ダブルブレストのラペルカラー ＋ 5分袖　− p.55
p.16	I2	ひざ下丈 ＋ ダブルブレストのチェスターカラー ＋ 7分袖　− p.56
p.17	I3	セミロング丈 ＋ シングルブレストのVネック ＋ 5分袖　− p.59
p.18	I4	ひざ下丈 ＋ シングルブレストのボータイ ＋ 長袖　− p.60
p.19	I5	ひざ下丈 ＋ シングルブレストのクルーネック ＋ 長袖　− p.61
p.20	I6	ショート丈 ＋ ダブルブレストのラペルカラー ＋ 長袖　− p.62

X Line

p.22	x1	セミロング丈 + ダブルブレストのVネック + 5分袖	– p.64
p.24	x2	ひざ下丈 + ダブルブレストのチェスターカラー + 7分袖	– p.65
p.25	x3	ショート丈 + ダブルブレストのラペルカラー + 5分袖	– p.68
p.26	x4	ひざ下丈 + ダブルブレストのラペルカラー + 5分袖	– p.66
p.27	x5	ひざ下丈 + シングルブレストのクルーネック + 長袖	– p.69
p.28	x6	ショート丈 + ダブルブレストのラペルカラー + 5分袖	– p.70

p.29　How to Make

p.30　A1の作り方

p.36　テクニックガイド

あなただけの一着を。

例えば季節や目的に応じて生地やボタンの色を変えてみたり、
気分や直感のままに好きな色を組み合わせてみたり。

1つのパターンを使ってできるアレンジはたくさんあります。

この本では、3つのシルエットを基本にして、そこに切替え線が入ったものや、
衿のデザインの違うものなど、似て全く異なるデザインをご用意しています。

どの作品も羽織れるコートドレスとして着るのはもちろん、ワンピースにもなるため、
一年を通じてお楽しみいただけます。

美しいシルエットはパターンが実現していますので、
そのうえで「これって、すごく私らしい」
と思えるアイディアを見つけ、広げてみてください。

鈴木 圭

A Line

Silhouette No.1

ドロップショルダーのAライン。
裾に向けてたっぷりの分量をとりました。
春夏生地と秋冬生地による
雰囲気の違いにもご注目くださいね

A*1*
— P.30 —

張り感のあるシャンタンで作れば
スプリングコート風にできます。
ウエスト切替えの縫い代を利用した
ボタンホールですので、
ボタンホール機がなくても大丈夫

A2
– P.46 –

丈をセミロングにすれば
一気にドレス感がアップ。
ウエストマークをする着こなしも
おすすめです

A3

– P.48 –

ショート丈にすればチュニック風にもなります。
デニムやタイトスカートと合わせる
コーディネートもすごく楽しそう

A4

– P.50 –

起毛素材で作れば
コートドレス感がぐっと上がります。
袖口と後ろ身頃の裾に
配色があるので、色の組合せで
自分だけの「好き」が見つかるはず

A5
― P.45 ―

さらっと羽織れる
カーディガン風に。
中のワンピースとコーディネート
するのもいいですね

A *6*
— P.53 —

高めのウエストに切替え線が入っており、
3種類の配色が楽しめます。
この作品では個性的な柄使いをしましたが、
共通点さえ見つけられれば、
きっとまとまります

Silhouette No.2

I *Line*

スレンダーな印象を出すにはIラインがおすすめ。
肩線と袖はやや細めに作りました。
シルエットは、実は裾にかけて少しすぼまった
コクーンシルエット。360度どこから見てもきれいです

I *1*
— P.55 —

袖にまでホリゾンタルの切替えを入れました。
上からピンク、グレー、黒と3色使いましたが、
ピンク、グレー、ピンクと2色使いでも
かわいいですよね

2
— P.56 —

チェスターカラーで作る冬のコートドレス。
目線を上げて足長の印象を持たせるために、
ハイウエストで切り替えてあります。
とはいえ子どもっぽくはなりませんのでご安心を

13
— P.59 —

このシングルブレストのVあきは、ワンピース
として着るとすごくドレッシー。
ウエストをぎゅっと絞って着るアレンジも楽しそう。
Vあきが割と深いので、
中に重ね着するのもおすすめです

14
– P.60 –

春先にパステルカラーでいかがでしょうか。
衿もとのリボンをワンポイントにして気分は
「シェルブールの雨傘」

15
— P.61 —

あえて少し高い位置につけた
パッチポケットが特徴です。
その狙いはとにかく足長効果。
見る人の目線を上げることが
スタイルアップの秘訣です

6
— P.62 —

せっかく前あきで前見返しがあるのだから、
配色で楽しみたい!
お気に入りの生地を2種類使えば、
「自分らしさ」がぐんと増す
一着になるはず

x*1*
− P.64 −

少し張りのあるタフタで作っておけば、
通年で使える優れものに。
ワンピースにもはおりものにもなるし、
格好よくてエレガント

x2
— P.65 —

チェック生地にするだけで
トレンチ気分がぐんとアップ。
生地の中で使われている色と
ボタン色を合わせるだけで
洋服のまとまり感が出てきます

x*3*

− P.68 −

シャンタンは独特の風合いと光沢感と張り感が
あるためセレモニーシーンにおすすめです。
ワンピースにしては着丈が短めですので、
サイズはよくご確認ください

– P.66 –

肉感の似た2種類の
起毛素材で配色しました。
縦の切替えはシャープな
印象を作ってくれます

x 5
− P.69 −

「上品に着たい一着」がテーマなら
こちらがおすすめです。
飽きのこないクルーネック。
万能なリトルブラックドレスです

x *6*

− P.70 −

パターンの特徴は高めの位置で
絞ったウエストマーク。
自分をスタイルよく見せてくれる服は、
心を軽くし、新しい扉を
きっと開いてくれます

Tips
How to make

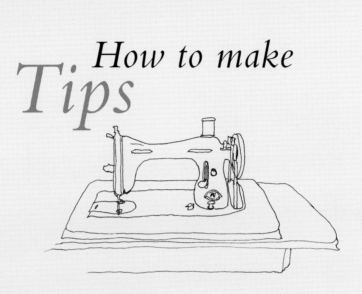

さあ、これから作る一着に心弾ませ、
夢を乗せて楽しみましょう

サイズと付録の実物大パターンについて

付録の実物大パターンは、下のヌード参考寸法表の5号、7号、9号、11号、13号にグレーディング（サイズ展開）されて、Aラインは1面、Iラインは2面、Xラインは3面、IラインとXラインの背裏のパターンは4面の2枚の実物大パターンの中に入っています。衿ぐり、前端の見返しは身頃のパターンに重なって入っています。作り方解説ページに必要なパターンのパターン名がありますので探すときの参考になさってください。パターンの名称がわかりにくい場合や縫い代幅は、裁合せ図も参考にすると理解しやすくなります。サイズ表を参考にし、パターンサイズを選んでください。15号サイズにサイズアップしたいかた、着丈、袖丈を変更したいかたは42ページの調整方法をごらんください。

パターンの作り方

付録の実物大パターンは紙面の都合上、線が重なっていますので、写したい線をマーカーなどでなぞり、ハトロン紙などの別紙に写し取ります。その際、合い印や布目線も忘れずに写し取ります。またパーツが紙面に収まらないデザインは、パターン内や裁合せ図にある「平行に引きのばす」という指示に従ってパターンを作ってください。

ヌード参考寸法表　　　　（単位はcm）

	5号	7号	9号	11号	13号
身長	157	157	164	164	167
バスト	78	82	86	90	94
ウエスト	56	60	64	68	72
ヒップ	83	87	91	95	99
袖丈	52	52	55	57	57

A1 ひざ丈 + ダブルブレストのチェスターカラー + 7分袖 (口絵P.6) の作り方

パターン（1面）

A前上身頃　A前下身頃　A後ろ身頃　A袖　A衿　Aラペル　A前上見返し
A前下見返し　A後ろ見返し　A袋布

材料

p.6の表布 シャンタン Ⓔ
…114cm幅（5・7・9号）3m10cm、（11・13号）3m40cm
接着芯…90cm幅85cm
接着テープ…1.2cm幅適宜
ボタン…直径2.2cm2個
くるみスナップ（ワンピースとして着用する場合）
…直径1.1cm適宜

出来上り寸法　（単位はcm）

サイズ	5号	7号	9号	11号	13号
バスト	122	126	130	134	138
ウエスト	132	136	140	144	148
ヒップ	146	150	154	158	162
袖丈	36	36	37	37	38
着丈	90	90	93	93	96

裁合せ図（表布）

下準備

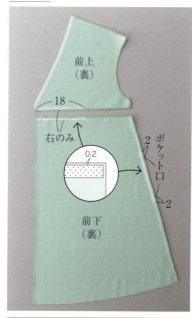

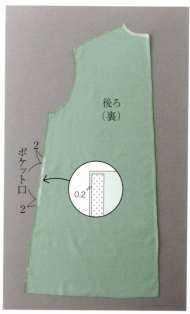

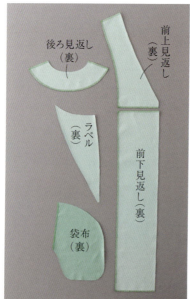

① 衿、ラペル、前上見返し、前下見返し、後ろ見返しの裏面に接着芯をはる。
② 前後の衿ぐり、右前の上下身頃のボタンホール位置、前後のポケット口の縫い代裏面に、接着テープをはる。
③ 各身頃の肩と袖ぐりと脇、後ろ身頃の後ろ中心、前の上下身頃のウエスト、袖の周囲、袋布の脇、各見返しの外回りと肩の縫い代に、ロックミシン（またはジグザグミシン）をかける。

作り方（プロセス）

1 - 前の上下を縫い合わせる

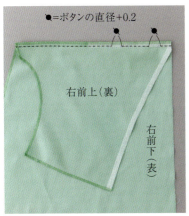

①前上身頃と前下身頃を中表に合わせてウエストを縫う。このとき右前身頃はボタンホール位置を2か所縫い残す。

②ウエスト縫い代をアイロンで割る。

③前の上と下の見返しを中表に合わせてウエストを縫う。身頃と同様に右の見返しはボタンホール位置を縫い残す。縫い代はアイロンで割っておく。

2 - ポケットを作りながら脇を縫う

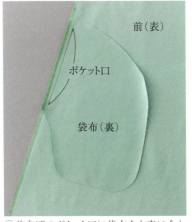

①前身頃のポケット口に袋布を中表に合わせ、ポケット口だけを縫う。

②袋布を表に返してアイロンで整え、袋布表面のポケット口にステッチをかける。

③袋布をよけて、前身頃と後ろ身頃の脇を中表に合わせ、ポケット口を残して縫う。

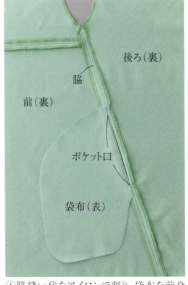

④脇縫い代をアイロンで割り、袋布を前身頃側に倒して整える。

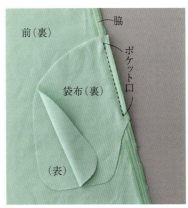

⑤④の袋布にもう1枚の袋布を中表に重ね、後ろ身頃のポケット口を中表に縫う。このとき前のポケット口を縫い込まないように気をつける。

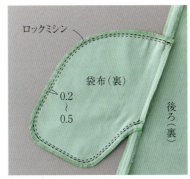

⑥2枚の袋布の外回りを縫い、さらに0.2～0.5cm外側にもう1本ミシンをかける。次に外回りの縫い代に2枚一緒にロックミシンをかける。

3 - 後ろ中心を縫う

①左右の後ろ身頃を中表に合わせ、後ろ中心を縫う。縫い代は割っておく。

②前〜後ろの裾縫い代にロックミシンをかけ、裾縫い代をアイロンで裏面に折り上げる。

4 - 肩を縫う

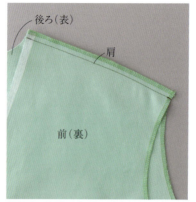

①前身頃と後ろ身頃の肩を中表に合わせて縫う。縫い代は割っておく。

②前見返しと後ろ見返しの肩を中表に合わせて縫う。縫い代は割っておく。

5 - ラペルを縫う

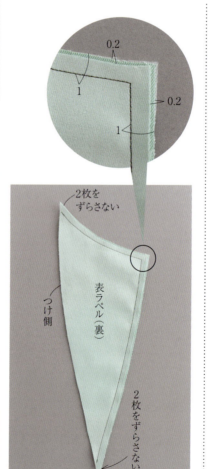

①表ラペルと裏ラペルを中表に合わせる。ラペルの脇の角では、表ラペルの布端を0.2cm控え、上端と下端では2枚の布端をそろえて、つけ側以外の2辺を縫う。

②ラペル上側のカーブの縫い代に切込みを入れ、角の縫い代はL字にカットする。

③ラペルを表に返し、縫った2辺は裏ラペル側を少し控えてアイロンで整える。次につけ側の2枚の布端をそろえて、縫い代に押えミシンをかける。

6 - 衿を縫う

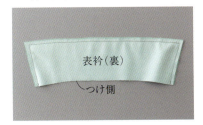

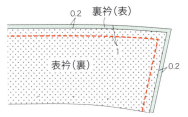

①表衿と裏衿を中表に合わせ、外回りの布端を、表衿を0.2cm控え、外回りを縫う。

②衿先の角の縫い代をL字にカットする。

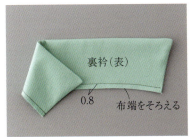

③衿を表に返し、裏衿を少し控えて外回りをアイロンで整える。次につけ側の2枚の布端をそろえて、縫い代に押えミシンをかける。

7 - 衿、ラペルをはさんで見返しをつける

①前身頃の衿ぐりにラペルを重ね、縫い代に仮どめミシンをかける。

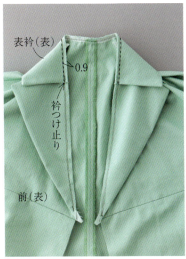

②身頃、ラペルの衿ぐりに衿を重ねて仮どめミシンをかける。

③ラペル、衿を仮どめした身頃に見返しを中表に合わせ、前端～衿ぐりを縫う。

8 - 袖を作る

①袖口の縫い代をアイロンで折る。

③袖下縫い代をアイロンで割り、袖口縫い代を再度折り上げてアイロンで整える。

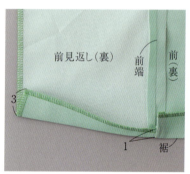

④衿ぐり縫い代のカーブの部分に、縫い目の0.2cmぐらい手前まで、1.5cmぐらいの間隔で切込みを入れる。

②①の折り目を開き、袖を中表に折って袖下を縫う。

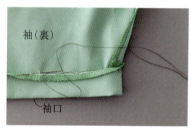

④袖口の縫い代端を少しめくって奥をまつる。糸は引きすぎないように、ややゆるめにまつる。

⑤前見返しの裾を写真のように斜めにアイロンで折る。

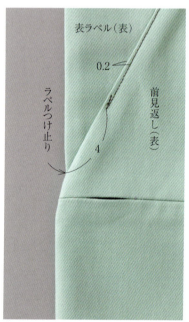

⑥見返しを身頃の裏面に返して前端～衿ぐりをアイロンで整える。次に衿ぐりのラベルつけ止りの4cm手前までステッチをかける。

9 - 袖をつける

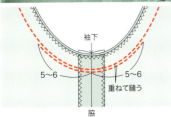

身頃の袖ぐりに袖を中表に合わせ、各合い印を合わせてまち針でとめ、袖つけミシンをかける。このとき脇から前後とも5〜6cmは、2重にミシンを重ねて縫う。

10 - ボタンホールを仕上げてボタンをつける

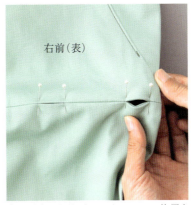

①右前身頃と見返しのボタンホール位置を合わせて、左右をまち針でとめる。

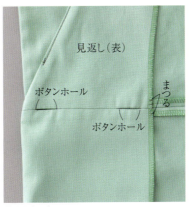

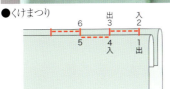

②見返し側からボタンホールの上側、下側をそれぞれくけまつりでとじてボタンホールを完成させる。見返し端は身頃のウエスト縫い代にまつる。

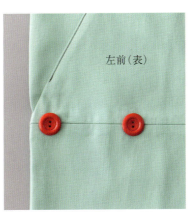

③左前身頃は切替え線上にボタンをつける。

11 - 裾の始末をして仕上げる

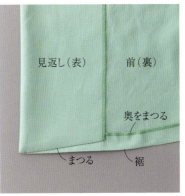

①裾の縫い代を折り上げてもう一度アイロンで整え、袖口と同じ要領で奥をまつる。次に見返しの裾を、裾縫い代にまつる。

②見返しの端を身頃の肩縫い代にまつる。後ろ中心も同様に見返し端を縫い代にまつる。

出来上り

テクニックガイド

縫い代のパイピング始末

縫い代端をバイアステープでくるんで始末する方法。
バイアステープは表布と同色でもいいし、好みの配色にしてもいいでしょう。
パイピング始末は手間はかかりますが、
裏側が見えたときにきれいですし、高級感のある仕立てになります。

①両折りタイプのバイアステープ（1.2cm幅）を用意し、片側の折り山を開いてアイロンで折り目を消す。

②バイアステープのもう一方の折り山を開き、表布の縫い代端に中表に合わせ、バイアステープの折り山位置を縫う。

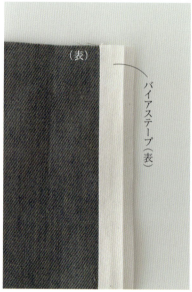

③バイアステープを表に返し、②の縫い代をテープ側に倒してアイロンで整える。

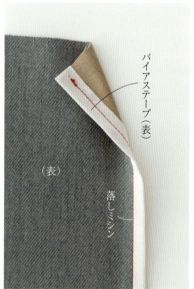

④バイアステープで表布の布端をくるみ、表布の表面からバイアステープの際に落しミシン（ミシン目が見えないように、縫い目上または縫い目のごく際を縫うこと）をかける。

⑤縫い代をパイピングで始末してから、2枚を中表に縫い合わせて縫い代を割る。

パッチポケットつけ

底が丸いパッチポケットの作り方とつけ方です。
底のカーブをきれいに整えるためには、縫い代を折る前にカーブの縫い代にぐし縫いをし、
厚紙で作った型紙をアイロン定規にして縫い代を折ります。

①ポケット口の縫い代の裏面に接着芯をはり、周囲にぐるりとロックミシン(またはジグザグミシン)をかける。

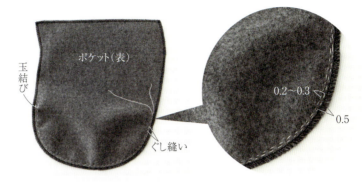

②底のカーブ部分の縫い代に、2本ぐし縫いをする。縫終りの糸端は長めに残しておく。

③厚紙(はがき程度の厚さ)でポケットの出来上りの大きさの型紙を作り、ポケットの裏面に当てる。ぐし縫いの糸を引き、カーブの縫い代を縮めながら、外側の縫い代を折って形を整える。

④型紙を当てたまま、折った縫い代をアイロンでしっかり押さえる。

⑤ポケット口縫い代を中表に折り、両サイドを縫う。

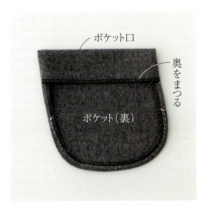

⑥ポケット口縫い代を裏面に返し、アイロンで形を整える。次にポケット口の縫い代端の奥をまつる。

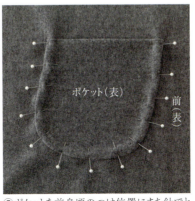

⑦ポケットを前身頃のつけ位置にまち針でとめる。

⑧ポケットの外回りにステッチをかける。

背肩と袖の裏つけ

身頃の上部と袖に裏布をつける縫い方です。
ウールなど肌触りのチクチクするものや、すべりの悪い布地のときには、全体に裏をつけなくても、
身頃の上部と袖につけるだけで、着心地のいいものになります。

1／裏布を縫い合わせる

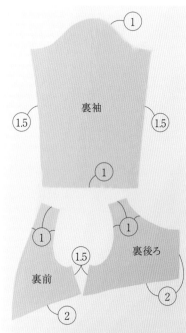

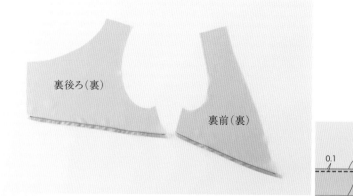

① 裏布の各パーツは写真中の○の寸法の縫い代をつけて裁つ。後ろ中心、脇、袖下はきせをかけて縫うため、縫い代を多くつけて裁断する。

② 裏前身頃、裏後ろ身頃の裾縫い代を三つ折りにしてステッチをかける。

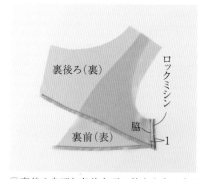

●ロックミシンがない場合

③ 裏後ろ身頃と裏前身頃の脇を中表に合わせて縫う。脇(縫い代1.5cm)は0.5cmのきせをかけるので、布端から1cmの位置で縫い、縫い代は2枚一緒にロックミシンをかける。ロックミシンがない場合は、縫い代を2枚一緒に裏後ろ身頃側に折ってステッチで押さえる(以下同)。

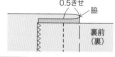

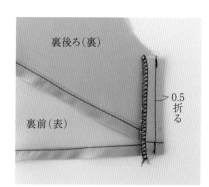

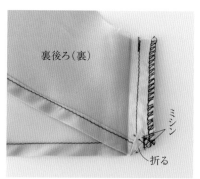

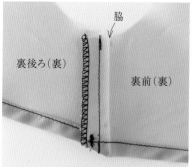

④ 脇縫い代をミシン目の0.5cm内側で、2枚一緒に裏後ろ身頃側にアイロンで折ってきせをかける。

⑤ 脇縫い代の下端が飛び出さないように三角に折り上げてミシンで縫いとめる。

⑥ 脇を開くと0.5cmのきせがかかって仕上がる。

テクニックガイド

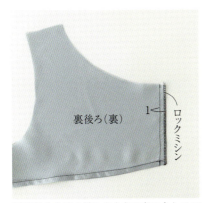

⑦裏後ろ身頃の後ろ中心を中表に合わせて縫う。後ろ中心（縫い代2cm）は1cmのきせをかけるので、布端から1cmの位置を縫う。縫い代は2枚一緒にロックミシンで始末する。

⑧後ろ中心の縫い代をミシン目の1cm内側で、2枚一緒に右裏後ろ身頃側に折ってきせをかける。

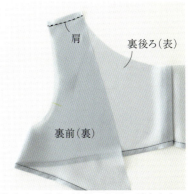

⑨裏布の前身頃と後ろ身頃の肩を中表に合わせて縫う。縫い代は後ろ身頃側に倒しておく。

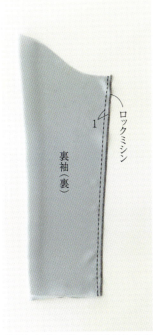

⑩袖を中表に折り、袖下を縫う。袖下（縫い代1.5cm）は、脇と同様に0.5cmのきせをかけるので、布端から1cmの位置を縫う。縫い代は2枚一緒にロックミシンで始末する。

⑪袖下の縫い代を、ミシン目の0.5cm内側で2枚一緒に後ろ側に折ってきせをかける。次に袖口の縫い代1cmを裏面にアイロンで折る。

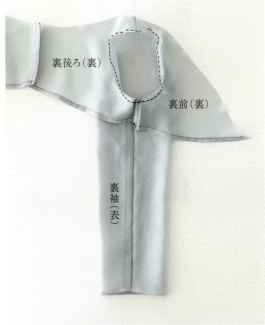

⑫裏身頃の袖ぐりに裏袖を中表に合わせ、袖つけミシンをかける。袖ぐり下の部分は、脇から前後とも5〜6cm2重にミシンを重ねて縫う。

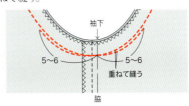

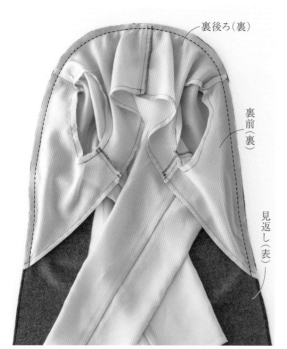

⑬前見返しと後ろ見返しに接着芯をはり、肩を縫って縫い代を割り、外回りにロックミシン（またはジグザグミシン）をかけておく。その見返しと⑫の裏布と中表に合わせて縫う。裏布を表に返したら、縫い代は裏布側に倒してアイロンで整える。

②表身頃と見返しを中表に合わせ、前端〜衿ぐりを縫う。

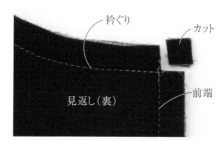

③前上端の角の縫い代をL字にカットし、衿ぐりのカーブの部分の縫い代に切込みを入れる。

2 / 表身頃と裏身頃を縫い合わせる

①表身頃は脇、後ろ中心、肩を縫う。袖は袖下を縫い、袖口をまつってから身頃に袖をつけておく。

④見返しを身頃の裏面に返して前端〜衿ぐりをアイロンで整える。前見返しの裾は斜めにアイロンで折っておく（34ページ参照）。

テクニックガイド

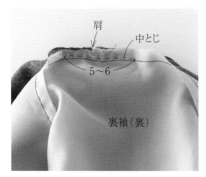
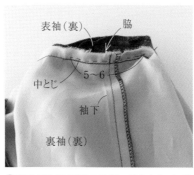
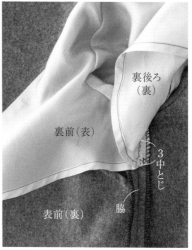

⑤表身頃と裏身頃の肩縫い目を合わせ、表、裏布の袖山の袖つけ縫い代を中とじ（縫い代どうしをしつけ糸2本どりで粗く縫いとめること）する。

⑥表身頃と裏身頃の脇縫い目を合わせ、袖側から袖ぐり下の袖つけ縫い代を中とじする。

⑦裏布の脇縫い代を、表後ろ身頃の脇縫い代に中とじする。

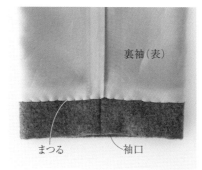
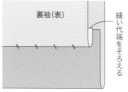

⑧表布の後ろ中心の縫い代に、裏布と見返しを縫い合わせた縫い代を中とじする。

⑨裏布の袖口をまつる。裏布の折り上げた縫い代端と表布の縫い代端をそろえて、裏布の折り山を、表布の袖口縫い代だけをすくってまつる。

⑩背肩と袖の裏布つけの出来上がり。

パターンの使い方と作り方

付録の実物大パターンは、1面にALine、その裏面の2面にILine、3面にXLine、その裏面の4面にILineとXLineの裏前と裏後ろと裏袖のパターンが配置されています。いったんすべてのパターンを本書から取り外して開き、各面を確認してください。

紙面の都合上、線が重なっています。写したいデザインの使いたいサイズの線をマーカーなどでなぞり、「裾線を平行に引きのばす」は○で囲むなどしてからハトロン紙などの別紙に写しとります（写真①）。

さらに各パーツが入りきらない身頃の裾部分は、「裾線を平行に引きのばす」指示があり、サイズごとに寸法が違いますので間違えないように注意しましょう（右ページ参照）。

「裾線を平行に引きのばす」操作方法

Aラインの後ろ身頃、Iラインの後ろ身頃を例に解説します。Xラインも同様に操作してください。

「裾線を平行に引きのばす」場合は、まず、選んだサイズのパターンを写します（図①）。次に後ろ中心線と脇線の延長線を方眼定規を使って引きます（図②）。デザイン番号ごとにある引きのばす寸法を延長線上にとり、裾のラインが平行になるように引き直してください。

13号から15号にサイズアップする方法

13号では窮屈に感じられるかたのために、身頃の周囲を4cm大きく15号にサイズアップする方法です。胸ダーツのあるIラインを例に解説します。Aライン、Xラインも同様に操作してください。付録のパターンの脇線にかかわる部分のみ1cmを平行に追加してサイズアップできます。身頃と縫い合わせる袖も忘れずに袖下線で同様に1cm追加してください。

布地提供先

エレガンス = Ⓔ

オカダヤ新宿本店 = Ⓞ

アトリエ ケイスズキ = Ⓚ

写真①

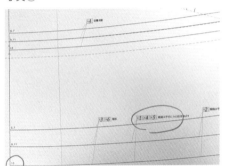

1面

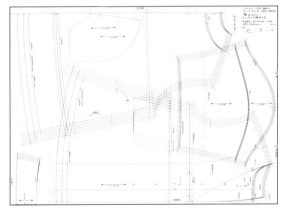

2面

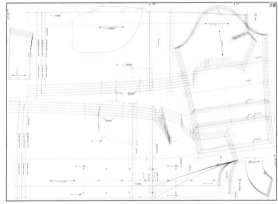

3面

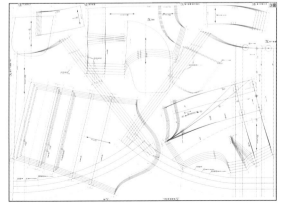

4面

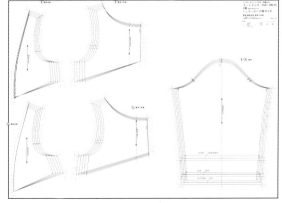

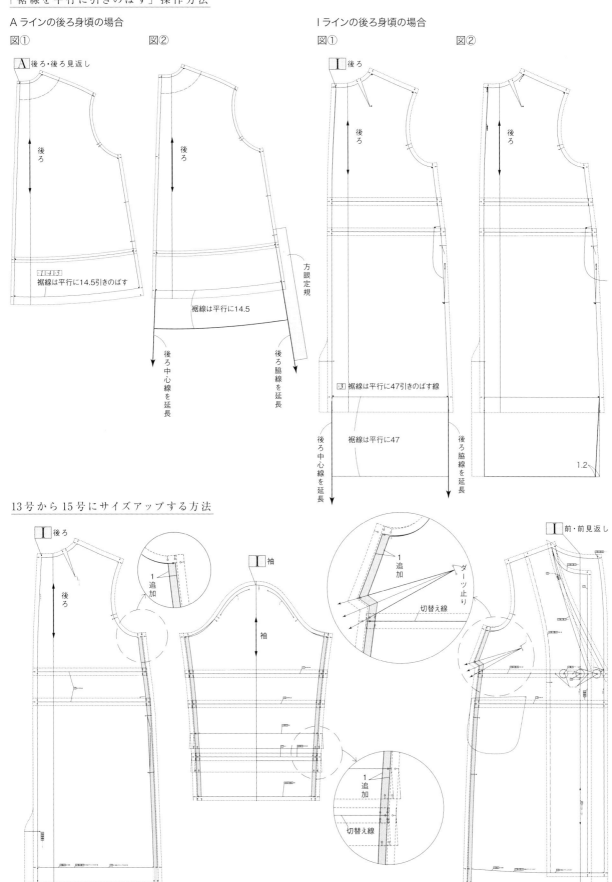

Silhouette No.1 **A** Line

<u>着丈</u>	<u>打合せ</u>	<u>衿</u>	<u>袖丈</u>
ショート丈	シングルブレスト	チェスターカラー	半袖
ひざ丈	ダブルブレスト	Vネック	7分袖
セミロング丈		ボータイ	
		クルーネック	

A1
ひざ丈
ダブルブレストのチェスターカラー
7分袖

A2
セミロング丈
ダブルブレストのVネック
半袖

A3
ショート丈
シングルブレストのボータイ
7分袖

A4
ひざ丈
シングルブレストのクルーネック
7分袖

A5
ひざ丈
ダブルブレストのラペルカラー
7分袖

A6
ショート丈
ダブルブレストのクルーネック
7分袖

A5 ひざ丈＋ダブルブレストのラペルカラー＋7分袖 (口絵 P.11)

パターン（1面）

A後ろ身頃　A前身頃　A袖　A袖口切替え布
A後ろ見返し　A前見返し　Aパッチポケット

材料

表布 コットンレース（参考商品）◎…130cm幅
5・7・9号 2m70cm、11・13号 2m90cm
別布 シャンタンE…114cm幅 50cm
接着芯…90cm幅 1m10cm
接着テープ…1.2cm幅適宜
バイアステープ（縫い代のパイピング始末用・両折りタイプ）…1.2cm幅適宜

準備

・袖口切替え布、パンチポケットのポケット口の縫い代の裏面に接着芯をはる。
・後ろ身頃の衿ぐり、前身頃の衿ぐり〜前端の縫い代裏面に、接着テープをはる。
・肩、脇、後ろ中心、前後見返しの外回り、袖下の縫い代を、パイピングで始末（p.36参照）する。

作り方

1　パッチポケットを作って前身頃につける。→p.37
2　脇を縫い、縫い代を割る。
3　後ろ中心を縫う。→p.32 ただし裾縫い代はパイピングで始末する。
4　肩を縫う。→p.32
5　見返しをつける。→p.51
6　袖を作る。→図
7　袖をつける。→p.52
8　裾の始末をする。→p.35

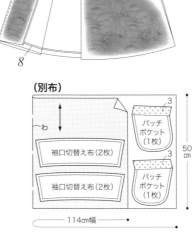

6　袖を作る。

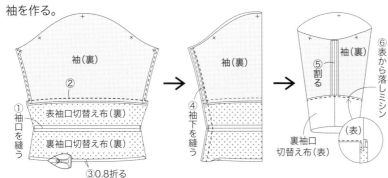

①2枚の袖口切替え布を中表に合わせて袖口を縫い、縫い代を割る。
②袖と表袖口切替え布を中表に合わせて縫う。縫い代は袖口切替え布側に倒す。
③裏袖口切替え布の縫い代を0.8cm裏面に折る。
④袖を中表に折って③の折り山を開き、袖口布まで続けて袖下を縫う。
⑤袖下縫い代をアイロンで割る。
⑥裏袖口切替え布を袖口から裏面に折ってアイロンで整え、袖の表面から②の縫い目の際に落しミシンをかける。

＊指定以外の縫い代は1cm
＊接着芯・接着テープをはる位置

出来上り寸法 (単位はcm)

サイズ	5号	7号	9号	11号	13号
バスト	122	126	130	134	138
ウエスト	132	136	140	144	148
ヒップ	146	150	154	158	162
袖丈	36	36	37	37	38
	口絵は袖口を折り上げて着用してます。				
着丈	90	90	93	93	96

A2 セミロング丈＋ダブルブレストのVネック＋半袖 (口絵 P.8)

パターン（1面）
A後ろ身頃　A前上身頃　A前下身頃　A袖
A後ろ見返し　A前上見返し　A前下見返し
A袋布

材料
表布 ラメジャカード Ⓔ…144cm幅
5・7・9号 3m20cm、11・13号 3m40cm
接着芯…90cm幅 1m
接着テープ…1.2cm幅適宜
バイアステープ（縫い代のパイピング始末用・両折りタイプ）…1.2cm幅適宜
ボタン…直径2.2cm 2個
くるみスナップ（ワンピースとして着用する場合）…直径1.1cm適宜

準備
・各見返しの裏面に接着芯をはる。
・前後の衿ぐり、右前の上下身頃のボタンホール位置、前後のポケット口の縫い代の裏面に接着テープをはる。
・各身頃の肩と脇、後ろ身頃の後ろ中心、前の上下身頃のウエスト、袖下と袖口、袋布の脇、各見返しの外回りの縫い代をパイピングで始末（p.36参照）する。

作り方
1. 前身頃の上下を縫い合わせる。→p.31
2. ポケットを作りながら脇を縫う。→p.31ただし袋布の外回りの縫い代は、2枚一緒にパイピングで始末する。
3. 後ろ中心を縫う。→p.32ただし裾縫い代はパイピングで始末する。
4. 肩を縫う。→p.32
5. 見返しをつける。→図
6. 袖を作る。→図
7. 袖をつける。→p.52
8. ボタンホールを仕上げてボタンをつける。→p.35
9. 裾の始末をしてスナップをつける。→p.35

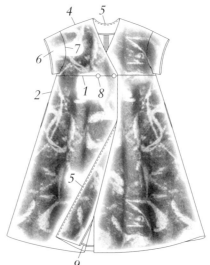

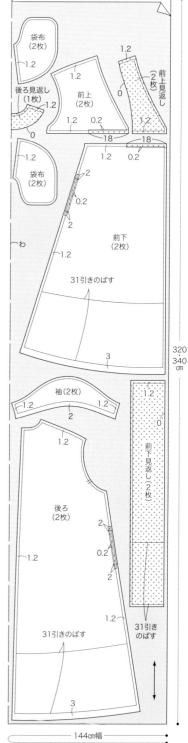

裁合せ図（表布）

出来上り寸法 （単位はcm）
サイズ	5号	7号	9号	11号	13号
バスト	122	126	130	134	138
ウエスト	132	136	140	144	148
ヒップ	146	150	154	158	162
袖丈	9.7	9.8	9.9	10	10.1
着丈	121	121	125	125	129

＊指定以外の縫い代は1cm
＊[:::] 接着芯・接着テープをはる位置

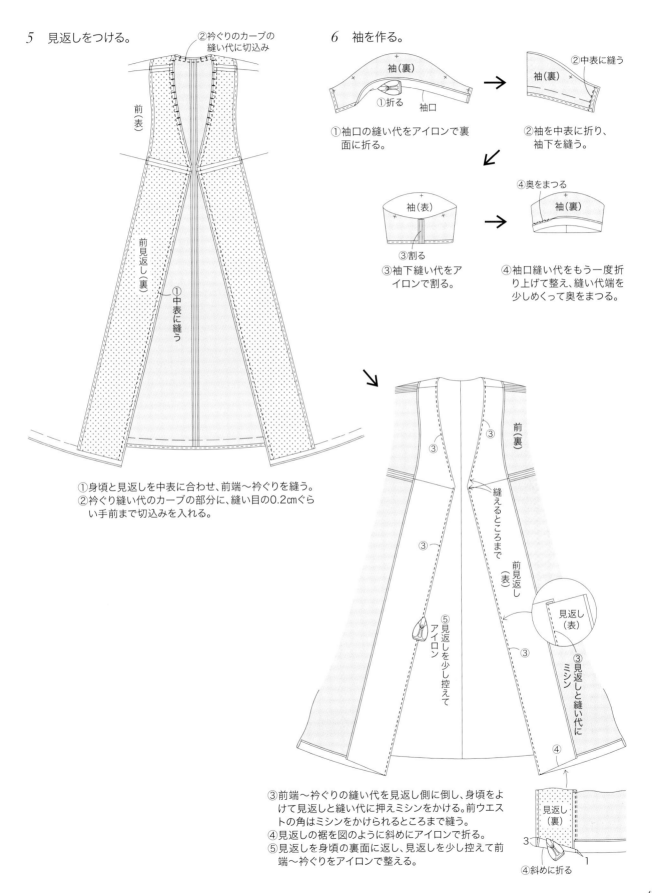

A3 ショート丈＋シングルブレストのボータイ＋7分袖 (口絵 P.9)

パターン（1面）

A後ろ身頃　A前身頃　A袖　A衿
A後ろ見返し　A前見返し　A袋布

材料

表布 綿サテン◎…112cm幅
5・7・9号 2m70cm、11・13号 3m
接着芯…90cm幅 90cm
接着テープ…1.2cm幅適宜
グログランリボン…1cm幅 60cm 2本
くるみスナップ…直径1.1cm 6組み

準備

・各見返しの裏面に接着芯をはる。
・衿ぐり、前後のポケット口の縫い代の裏面に接着テープをはる。
・肩、袖ぐり、脇、後ろ中心、袖の周囲、袋布の脇、各見返しの外回りの縫い代にロックミシン（またはジグザグミシン）をかける。

作り方

1. ポケットを作りながら脇を縫う。→p.31
2. 後ろ中心を縫う。→p.32
3. 肩を縫う。→p.32
4. 衿を作って仮どめをする。→図
5. 衿をはさんで見返しをつける。→p.51
6. 袖を作る。→図
7. 袖をつける。→p.35
8. 裾の始末をする。→p.35
9. スナップをつける。右前は見返し側に凸スナップ、左前は身頃側表面に凹スナップをつける。
10. 袖口にグログランリボンを通す。→図

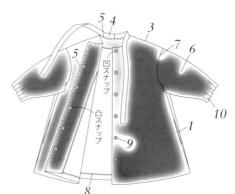

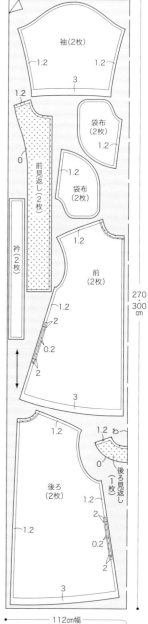

＊指定以外の縫い代は1cm
＊ ▨ 接着芯・接着テープをはる位置

出来上り寸法　（単位はcm）

サイズ	5号	7号	9号	11号	13号
バスト	122	126	130	134	138
ウエスト	132	136	140	144	148
ヒップ	146	150	154	158	162
袖丈	36	36	37	37	38
着丈	75.5	75.5	78	78	80.5

4 衿を作って仮どめをする。

① 衿の後ろ中心を中表に合わせて縫う。
② 後ろ中心の縫い代をアイロンで割る。
③ 衿を中表に折り、つけ止りから先のボーの部分をL字に縫う。つけ止りはしっかり返し縫いをする。
④ ボーの先の角の縫い代を斜めにカットする。
⑤ つけ止りの縫い代に、縫い目の際まで切込みを入れる。

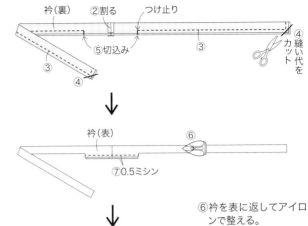

⑥ 衿を表に返してアイロンで整える。
⑦ 衿のつけ側の縫い代がずれないように縫いとめる。
⑧ 後ろ身頃の衿ぐりに衿を中表に合わせ、縫い代に仮どめをする。

6 袖を作る。

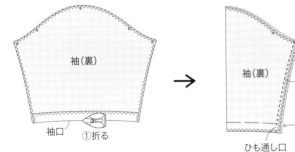

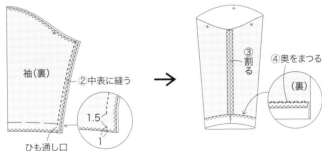

① 袖口の縫い代をアイロンで折る。
② 袖を中表に折り、①の折り山を開き、袖口縫い代にひも通し口を残して袖下を縫う。
③ 袖下縫い代をアイロンで割る。
④ 袖口の縫い代をもう一度折り上げて整え、奥をまつる。

10 袖口にグログランリボンを通す。

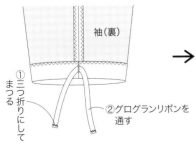

① グログランリボンの両端を三つ折りにしてまつる。
② 袖口縫い代にグログランリボンを通す。

③ 袖口を好みに絞り、グログランリボンを結ぶ。

A4 ひざ丈＋シングルブレストのクルーネック＋7分袖 (口絵 P.10)

パターン（1面）

A後ろ身頃　A後ろ裾切替え布　A前身頃
A袖　A袖口切替え布　A後ろ見返し
A前見返し　A袋布

材料

表布 ウール（参考商品）Ⓒ…146cm幅
5・7・9号 2m10cm、11・13号 2m30cm
別布 ジャカードⒺ…133cm幅 60cm
スレキ…50×35cm
接着芯…90cm幅 1m10cm
接着テープ…1.2cm幅適宜
バイアステープ（縫い代のパイピング始末用・両折りタイプ）…1.2cm幅適宜
くるみスナップ…直径1.1cm 6組み

準備

- 各見返しの裏面に接着芯をはる。
- 衿ぐり、前後ポケット口の縫い代に接着テープをはる。
- 肩、前脇、袋布の脇、袖の袖口側、袖口切替え布の上下、前後見返しの外回りの縫い代をパイピングで始末（p.36参照）する。

作り方

1. 後ろ身頃と後ろ裾切替え布を縫い合わせる。→図
2. ポケットを作りながら脇を縫う。→ p.31 このとき前身頃につける袋布にはスレキの袋布を使う。
3. 後ろ中心を縫う。→ p.32 ただし裾縫い代はパイピングで始末する。
4. 肩を縫う。→ p.32
5. 見返しをつける。→図
6. 袖を作る。→図
7. 袖をつける。→図
8. 裾の始末をする。→ p.35
9. スナップをつける。右前は見返し側に凸スナップを、左前は身頃表面に凹スナップをつける。

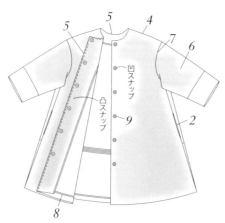

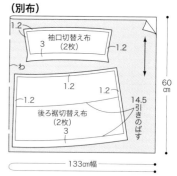

※指定以外の縫い代は1cm
※ ▦ 接着芯・接着テープをはる位置

出来上り寸法 （単位はcm）

サイズ	5号	7号	9号	11号	13号
バスト	122	126	130	134	138
ウエスト	132	136	140	144	148
ヒップ	146	150	154	158	162
袖丈	36	36	37	37	38
着丈	90	90	93	93	96

1 後ろ身頃と後ろ裾切替え布を縫い合わせる。

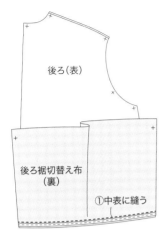

①後ろ身頃と後ろ裾切替え布を中表に合わせて縫う。

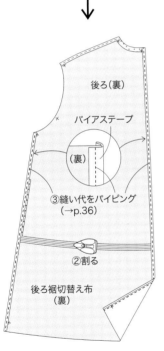

②縫い代をアイロンで割る。
③後ろ中心と脇の縫い代をパイピングで始末（→p.36）する。

5 見返しをつける。

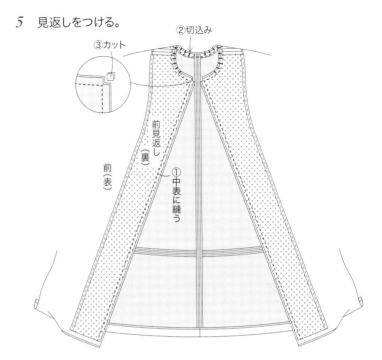

①身頃と見返しを中表に合わせて前端〜衿ぐりを縫う。
②衿ぐりのカーブの部分の縫い代に、ミシン目の0.2cmぐらい手前まで切込みを入れる。
③衿ぐりの前端の角の縫い代をL字にカットする。

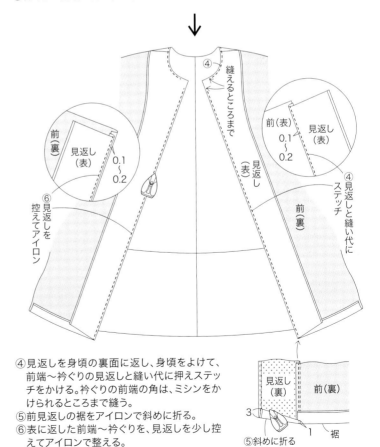

④見返しを身頃の裏面に返し、身頃をよけて、前端〜衿ぐりの見返しと縫い代に押えステッチをかける。衿ぐりの前端の角は、ミシンをかけられるところまで縫う。
⑤前見返しの裾をアイロンで斜めに折る。
⑥表に返した前端〜衿ぐりを、見返しを少し控えてアイロンで整える。

6 袖を作る。

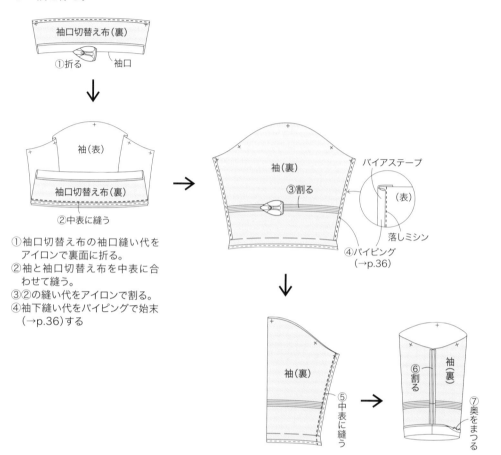

①袖口切替え布の袖口縫い代をアイロンで裏面に折る。
②袖と袖口切替え布を中表に合わせて縫う。
③②の縫い代をアイロンで割る。
④袖下縫い代をパイピングで始末（→p.36）する

⑤袖口縫い代を開き、袖を中表に折って袖下を縫う。
⑥袖下縫い代をアイロンで割る。
⑦袖口縫い代をもう一度折って整え、奥をまつる。

7 袖をつける。

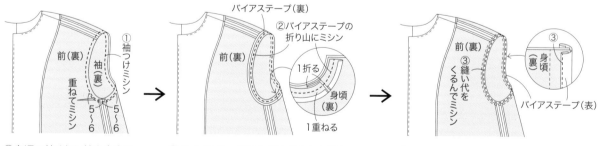

①身頃の袖ぐりに袖を中表に合わせて縫う。袖ぐり下は、脇から前後とも5〜6cmはミシンを重ねて2重に縫う。

②バイアステープの片側の折り山を開き、袖つけ縫い代に重ね、バイアステープの折り山位置を縫う。

③バイアステープを表に返す。袖つけ縫い代をバイアステープでくるみ、バイアステープの際にミシンをかける。

A6 ショート丈＋ダブルブレストのクルーネック＋7分袖 (口絵 P.12)

パターン（1面）

A後ろ身頃　A前上身頃
A前ウエスト切替え布　A前下身頃　A袖
A後ろ見返し　A前上見返し
A前下見返し　A袋布

材料

表布A ジャカードⒺ…140cm幅
5・7・9号 1m10cm、11・13号 1m20cm
表布B カーティスジャカード(参考商品)◯
…140cm幅 80cm
表布C ラメジャカードⒺ…144cm幅 80cm
接着芯…90cm幅 60cm
接着テープ…1.2cm幅適宜
バイアステープ（縫い代のパイピング始末用・両折りタイプ）…1.2cm幅適宜
ボタン…直径2.2cm 2個

準備

・各見返しの裏面に接着芯をはる。
・衿ぐり、右前上身頃と右前ウエスト切替え布のボタンホール位置、前後のポケット口の縫い代の裏面に接着テープをはる。
・前後身頃の肩、後ろ中心、後ろ脇、袋布の脇、前上身頃の下端、前ウエスト切替え布の上下、前下身頃の上端、袖下、袖口、見返しの外回りの縫い代をパイピングで始末（p.36参照）する。

作り方

1. 前下身頃と前ウエスト切替え布を縫い合わせる。→図
2. 前身頃の上下を縫い合わせる。→p.31 このあと前身頃の脇縫い代をパイピングで始末する。
3. ポケットを作りながら脇を縫う。→p.31 ただし袋布の外回りの縫い代は、2枚一緒にパイピングで始末する。
4. 後ろ中心を縫う。→p.32 ただし裾縫い代はパイピングで始末する。
5. 肩を縫う。→p.32
6. 見返しをつける。→p.51
7. 袖を作る。→p.34
8. 袖をつける。→p.52
9. ボタンホールを仕上げてボタンをつける。→p.35
10. 裾の始末をする。→p.35

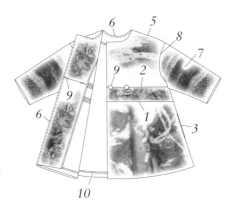

1 前下身頃と前ウエスト切替え布を縫い合わせる。

①前下身頃と前ウエスト切替え布を中表に合わせて縫う。

↓

②縫い代をアイロンで割る。

裁合せ図（表布A）

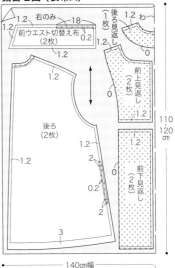

（表布B）

※指定以外の縫い代は1cm
※　　　接着芯・接着テープをはる位置

（表布C）

出来上り寸法 （単位はcm）

サイズ	5号	7号	9号	11号	13号
バスト	122	126	130	134	138
ウエスト	132	136	140	144	148
ヒップ	146	150	154	158	162
袖丈	36	36	37	37	38
着丈	75.5	75.5	78	78	80.5

I Line

Silhouette No.2

着丈	打合せ	衿	袖丈
ショート丈	シングルブレスト	ラペルカラー	5分袖
ひざ下丈	ダブルブレスト	チェスターカラー	7分袖
セミロング丈		Vネック	長袖
		ボータイ	
		クルーネック	

I 1
ショート丈
ダブルブレストのラペルカラー
5分袖

I 2
ひざ下丈
ダブルブレストのチェスターカラー
7分袖

I 3
セミロング丈
シングルブレストのVネック
5分袖

I 4
ひざ下丈
シングルブレストのボータイ
長袖

I 5
ひざ下丈
シングルブレストのクルーネック
長袖

I 6
ショート丈
ダブルブレストのラペルカラー
長袖

I 1 ショート丈＋ダブルブレストのラペルカラー＋5分袖 (口絵 P.14)

パターン（2面）（4面）

I 後ろ上身頃　I 後ろウエスト切替え布
I 後ろ下身頃　I 前上身頃　I 前ウエスト切替え布
I 前下身頃　I ラペル　I 袖　I 袖中切替え布
I 袖口切替え布　I 後ろ見返し　I 前上見返し
I 前下見返し　I 袋布　I 裏後ろ身頃
I 裏前身頃　I 裏袖

材料

表布 A ポリエステルタフタⓀ…146cm幅
5・7・9号 1m、11・13号 1m10cm
表布 B 綿サテンⓄ…112cm幅
5・7・9号 1m20cm、11・13号 1m30cm
表布 C グレンチェック（参考商品）Ⓞ
…148cm幅 30cm
裏布…90cm幅 5・7・9号 80cm、11・13号 90cm
接着芯…90cm幅 80cm
接着テープ…1.2cm幅適宜
ボタン…直径2.2cm 2個

準備

・各見返し、ラペルの裏面に接着芯をはる。
・前後衿ぐり、右前ウエストのボタンホール位置の縫い代、脇ポケット口縫い代の裏面に接着テープをはる。
・前後身頃の脇と後ろ中心と各切替え線、前下見返しの外回りの縫い代にロックミシン（またはジグザグミシン）をかける。

作り方

1 ダーツを縫う。→p.57
2 前下身頃と前ウエスト切替え布、後ろ下身頃と後ろウエスト切替え布をそれぞれ縫い合わせて縫い代を割る。
3 前身頃の上下を縫い合わせる。前見返しの上下も縫い合わせる。→p.31
4 後ろ身頃の上下を縫い合わせて縫い代を割る。
5 ポケットを作りながら脇を縫う。→p.31
6 後ろ中心を縫う。→p.32
7 肩を縫う。→p.32
8 ラペルを縫う。→p.32
9 袖を作る。→p.58
10 袖をつける。→p.58
11 裏布を縫い、見返しと縫い合わせる。→p.38〜40
12 ラペルを前衿ぐりに仮どめし、表身頃と裏身頃を縫い合わせて前端、衿ぐりを整え、中とじをして裏袖をまつる。→p.33〜34-7、40〜41
13 ボタンホールを仕上げてボタンをつける。→p.35
14 裾の始末をする。→p.35

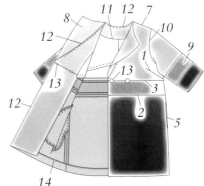

裁合せ図（表布A）

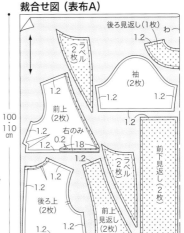

（表布B）

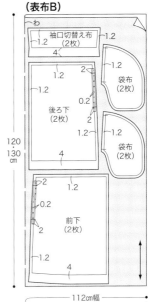

（裏布）

（表布C）

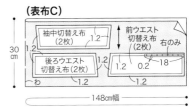

出来上り寸法　（単位はcm）

サイズ	5号	7号	9号	11号	13号
バスト	89	93	97	101	105
ウエスト	99	103	107	111	115
ヒップ	103.6	107.6	111.6	115.6	119.6
袖丈	36.7	36.7	38	38	39.3
着丈	78	78	80	80	82

12 ひざ下丈+ダブルブレストのチェスターカラー+7分袖 (口絵 P.16)

パターン（2面）（4面）
- 1 後ろ身頃　1 前上身頃　1 前下身頃　1 袖
- 1 衿　1 ラペル　1 後ろ見返し
- 1 前上見返し　1 前下見返し　1 袋布
- 1 裏後ろ身頃　1 裏前身頃　1 裏袖

材料
表布 ウール（参考商品）◎…150cm幅
5・7・9号 2m20cm、11・13号 2m60cm
裏布…90cm幅
5・7・9号 90cm、11・13号 1m
接着芯…90cm幅 1m20cm
接着テープ…1.2cm幅適宜
ボタン…直径 2.2cm 2個
くるみスナップ（ワンピースとして着用する場合）…直径 1.1cm適宜

準備
- 各見返し、衿、ラペル、後ろ中心スリットの縫い代の裏面に接着芯をはる。
- 前後衿ぐり、右前上下身頃のウエストのボタンホール位置、前後の脇ポケット口の縫い代裏面に、接着テープをはる。→p.30
- 身頃の脇、後ろ中心、前上下身頃のウエスト、袋布の脇、前下見返しの外回りの縫い代にロックミシン（またはジグザグミシン）をかける。

作り方
1. ダーツを縫う。→図
2. 前身頃の上下を縫い合わせる。→p.31
3. ポケットを作りながら脇を縫う。→p.31
4. 後ろ中心を縫い、スリットを作る。→図
5. 肩を縫う。→p.32
6. ラペルを縫う。→p.32
7. 衿を縫う。→p.33
8. 袖を作る。→図
9. 袖をつける。→図
10. 裏布を縫い、見返しと縫い合わせる。→p.38～40
11. 衿、ラペルを身頃に仮どめし、衿、ラペルをはさんで表身頃と裏身頃を縫い合わせる。前端～衿ぐりを整え、中とじをして裏袖をまつる。→p.33～34、40～41
12. ボタンホールを仕上げてボタンをつける。→p.35
13. 裾の始末をする。→図

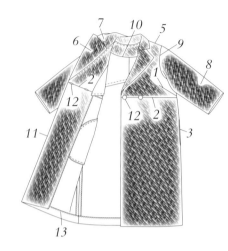

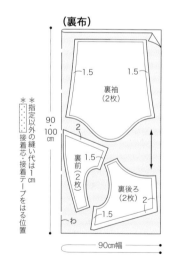

出来上り寸法 （単位はcm）

サイズ	5号	7号	9号	11号	13号
バスト	89	93	97	101	105
ウエスト	99	103	107	111	115
ヒップ	103.6	107.6	111.6	115.6	119.6
袖丈	42.5	42.5	44	44	45.5
着丈	97	97	100	100	103

1　ダーツを縫う。

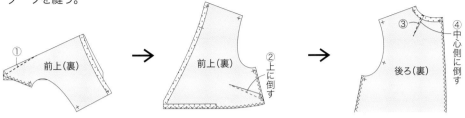

①前上身頃のダーツ分を中表につまんで縫う。

②前上身頃のダーツ分をアイロンで上側に倒して整える。

③後ろ衿ぐりのダーツ分を中表につまんで縫う。
④後ろ衿ぐりダーツをアイロンで中心側に倒して整える。

4　後ろ中心を縫い、スリットを作る。

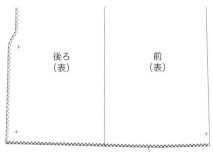

①裾の縫い代にロックミシン（またはジグザグミシン）をかける。
①ロックミシン

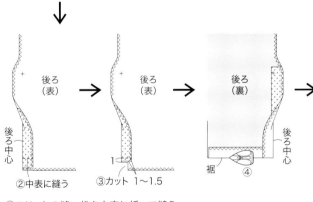

②スリットの縫い代を中表に折って縫う。
③スリットの裾縫い代の余分を図のようにカットする。
④スリットの裾を表に返してアイロンで整える。裾の縫い代もアイロンで裏面に折り上げておく。

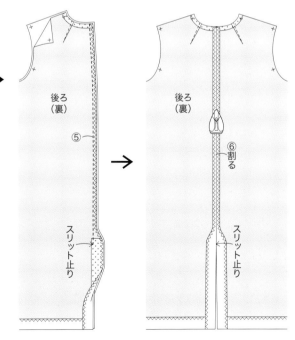

⑤左右の後ろ身頃を中表に合わせ、後ろ中心をスリット止りまで縫う。スリット止りはしっかり返し縫いをする。
⑥後ろ中心の縫い代をアイロンで割る。スリットの縫い代はアイロンで折っておく。

8 袖を作る。

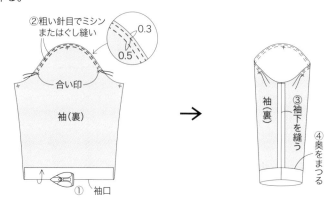

①袖口の縫い代をアイロンで裏面に折る。
②袖山にいせを入れるので、縫い代に粗い針目の
　ミシン（またはぐし縫い）を2本かける。縫始め、
　縫終りは返し縫いをしないで糸端を長めに残し
　ておく。

③袖を中表に折って袖下を中表に縫う。
　→p.34
④袖口の縫い代をもう一度折り上げて
　整え、奥をまつる。→p.34

9 袖をつける。

①身頃の袖ぐりに袖を中表に合わせて肩と袖山
　(1)、脇と袖下(2)、前後の合い印(3)、(4)の順
　に合わせてまち針でとめる。次に袖の粗ミシンの
　糸を2本一緒に引き、身頃の袖ぐり寸法に合わせ
　て袖山をいせ、いせ分をバランスよく配分して
　さらに間をまち針でとめる。

②袖つけミシンをかける。袖ぐり下は脇
　から前後とも5～6cmは2重にミシンを
　重ねて縫う。このあと縫い代を袖側に
　倒してアイロンで整える。

13 裾の始末をする。

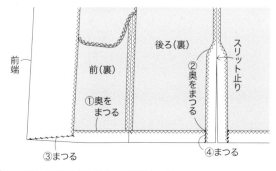

①裾の縫い代端を少しめくって奥をまつる。
②スリットの縫い代端も同様に奥をまつる。
③前下見返しの裾を、身頃の裾縫い代にまつる。
④スリットの裾の縫い代端を、身頃の裾縫い代にまつる。

3 セミロング丈＋シングルブレストのVネック＋5分袖 (口絵 P.17)

パターン（2面）（4面）
1後ろ身頃　1前上身頃　1前下身頃　1袖
1後ろ見返し　1前上見返し　1前下見返し
1袋布　1裏後ろ身頃　1裏前身頃　1裏袖

材料
表布 ジャカードⒺ…140㎝幅
5・7・9号 2m30㎝、11・13号 2m80㎝
裏布…90㎝幅
5・7・9号 80㎝、11・13号 90㎝
接着芯…90㎝幅 1m10㎝
接着テープ…1.2㎝幅適宜
ボタン…直径2.2㎝ 1個
くるみスナップ（ワンピースとして着用する場合）…直径1.1㎝適宜

準備
・各見返し、後ろ中心スリットの縫い代の裏面に接着芯をはる。
・前後の衿ぐり、右前上身頃のウエストボタンホール位置、前後の脇ポケット口の縫い代の裏面に接着テープをはる。
・身頃の脇、後ろ中心、前上下身頃のウエスト、袋布の脇、前下見返しの外回りの縫い代にロックミシン（またはジグザグミシン）をかける。

作り方
1 ダーツを縫う。→p.57
2 前身頃の上下を縫い合わせる。→p.31
3 ポケットを作りながら脇を縫う。→p.31
4 後ろ中心を縫い、スリットを作る。→p.57
5 肩を縫う。→p.32
6 袖を作る。→p.58
7 袖をつける。→p.58
8 裏布を縫い、見返しと縫い合わせる。→p.38〜40
9 表身頃と裏身頃を縫い合わせて前端〜衿ぐりを整え、中とじをして裏袖をまつる。→p.40〜41、47
10 ボタンホールを仕上げてボタンをつける。→p.35
11 裾の始末をする。→p.58

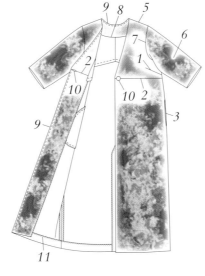

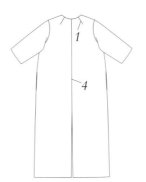

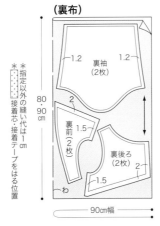

(裏布)

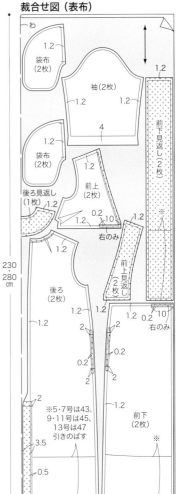

裁合せ図（表布）

出来上り寸法 (単位は㎝)

サイズ	5号	7号	9号	11号	13号
バスト	89	93	97	101	105
ウエスト	99	103	107	111	115
ヒップ	103.6	107.6	111.6	115.6	119.6
袖丈	36.7	36.7	38	38	39.3
着丈	121	121	125	125	129

4 ひざ下丈＋シングルブレストのボータイ＋長袖 (口絵 P.18)

パターン（2面）（4面）
|後ろ身頃　|前身頃　|衿　|袖
|袖口切替え布　|パッチポケット
|後ろ見返し　|前見返し　|裏後ろ身頃
|裏前身頃　|裏袖

材料
表布 ポリエステルタフタⓀ…146cm幅
5・7・9号 2m20cm、11・13号 2m40cm
裏布…90cm幅 5・7・9号 90cm、11・13号 1m
接着芯…90cm幅 1m10cm
接着テープ…1.2cm幅適宜
くるみスナップ…直径1.1cm 6組み

準備
・各見返し、後ろ中央のスリットの縫い代、ポケット口の縫い代の裏面に接着芯をはる。
・前後衿ぐりの縫い代裏面に接着テープをはる。
・脇、後ろ中央、前見返しの外回り、パッチポケットの周囲にロックミシン（またはジグザグミシン）をかける。

作り方
1 ダーツを縫う。→p.57
2 脇を縫い、縫い代を割る。
3 パッチポケットを作ってつける。→p.37
4 後ろ中心を縫い、スリットを作る。→p.57
5 肩を縫う。→p.32
6 袖を作る。→図
7 袖をつける。→p.58
8 衿を作り、後ろ身頃に仮どめをする。→p.49
9 裏布を縫い、見返しと縫い合わせる。→p.38〜40
10 表身頃と裏身頃を縫い合わせて前端〜衿ぐりを整え、中とじをして裏袖をまつる。→p.40〜41、51
11 裾の始末をする。→p.58
12 スナップをつける。右前の見返し側に凸スナップ、左前は身頃の表面に凹スナップをつける。

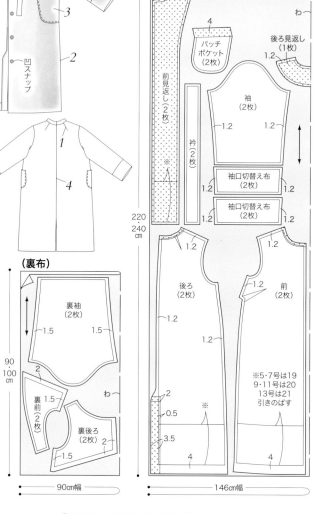

①袖山をいせるために、縫い代の合い印〜合い印間に、粗い針目でミシンをかける（またはぐし縫い）。
②袖口切替え布2枚を中表に合わせて袖口を縫い、縫い代を割る。
③袖口切替え布と袖を中表に合わせて縫い、縫い代を割る。
④袖を中表に折り、袖口切替え布まで続けて袖下を縫う。
⑤袖下縫い代をアイロンで割る。
⑥裏袖口切替え布を袖の裏面に折り上げ、上側の縫い代を袖の縫い代に粗くとじる。

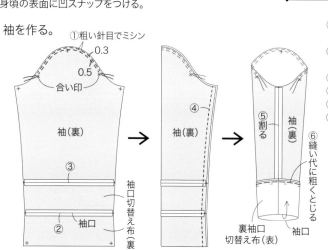

6 袖を作る。

出来上り寸法					(単位はcm)
サイズ	5号	7号	9号	11号	13号
バスト	89	93	97	101	105
ウエスト	99	103	107	111	115
ヒップ	103.6	107.6	111.6	115.6	119.6
袖丈	52	52	54	54	56
着丈	97	97	100	100	103

I5 ひざ下丈＋シングルブレストのクルーネック＋長袖 (口絵 P.19)

パターン（2面）（4面）

I 後ろ身頃　I 前身頃　I 袖
I 袖口切替え布　I パッチポケット
I 後ろ見返し　I 前見返し　I 裏後ろ身頃
I 裏前身頃　I 裏袖

材料

表布 ポリエステルタフタⓀ…146cm幅
5・7・9号 2m20cm、11・13号 2m40cm
別布 カーティスジャカード（参考商品）
Ⓞ…150cm幅 30cm
裏布…90cm幅
5・7・9号 90cm 11・13号 1m
接着芯…90cm幅 1m10cm
接着テープ…1.2cm幅適宜
くるみスナップ…直径1.1cm 6組み

準備

・各見返し、後ろ中央のスリットの縫い代、ポケット口の縫い代の裏面に接着芯をはる。
・前後衿ぐりの縫い代裏面に接着テープをはる。
・脇、後ろ中央、前見返しの外回り、パッチポケットの周囲にロックミシン（またはジグザグミシン）をかける。

作り方

1. ダーツを縫う。→p.57
2. 脇を縫い、縫い代を割る。
3. パッチポケットを作ってつける。→p.37
4. 後ろ中心を縫い、スリットを作る。→p.57
5. 肩を縫う。→p.32
6. 袖を作る。→p.60
7. 袖をつける。→p.58
8. 裏布を縫い、見返しと縫い合わせる。→p.38〜40
9. 表身頃と裏身頃を縫い合わせて前端〜衿ぐりを整え、中とじをして裏袖をまつる。→p.40〜41, 51
10. 裾の始末をする。→p.58
11. スナップをつける。右前の見返し側に凸スナップ、左前は身頃の表面に凹スナップをつける。

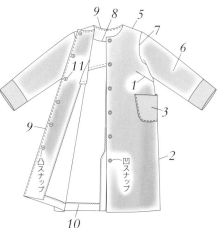

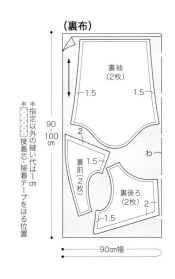

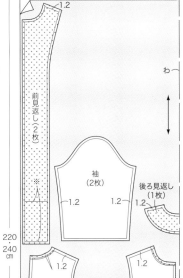

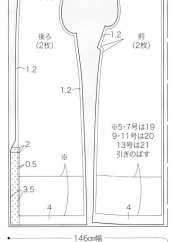

出来上り寸法 (単位はcm)

サイズ	5号	7号	9号	11号	13号
バスト	89	93	97	101	105
ウエスト	99	103	107	111	115
ヒップ	103.6	107.6	111.6	115.6	119.6
袖丈	52	52	54	54	56
着丈	97	97	100	100	103

I 6 ショート丈+ダブルブレストのラペルカラー+長袖 (口絵 P.20)

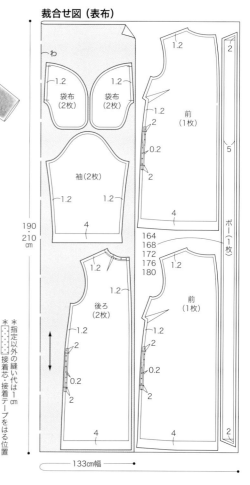

パターン (2面) (4面)
I 後ろ身頃　I 前身頃　I 袖　I 後ろ見返し
I 前見返し　I 袋布　I 裏後ろ身頃
I 裏前身頃　I 裏袖

材料
表布 ジャカードE…133cm幅
5・7・9号 1m90cm、11・13号 2m10cm
別布 ポリエステルデシンO…110cm幅 1m
裏布…90cm幅
5・7・9号 90cm 11・13号 1m
接着芯…90cm幅 90cm
接着テープ…1.2cm幅適宜
くるみスナップ…直径1.1cm 5組み

準備
・各見返しの裏面に接着芯をはる。
・前後の脇ポケット口の縫い代裏面に接着テープをはる。
・身頃の脇、後ろ中心、袋布の脇、前見返しの外回りの縫い代にロックミシン (またはジグザグミシン) をかける。

作り方
1 ダーツを縫う。→p.57
2 ポケットを作りながら脇を縫う。→p.31
3 後ろ中心を縫う。→p.32
4 肩を縫う。→p.32
5 袖を作る。→p.58
6 袖をつける。→p.58
7 裏布を縫い、見返しと縫い合わせる。→p.38〜40
8 表身頃と裏身頃を縫い合わせて衿ぐり〜前端を整え、中とじをして裏袖をまつる。→p.40〜41、51
9 裾の始末をする。→p.35
10 ベルトを作る。→図
11 スナップをつける。右前の見返し側に凸スナップを、左前は身頃の表面に凹スナップをつける。

10 ベルトを作る。

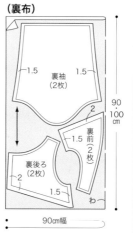

①別布のベルト布の中央を中表に合わせて縫い、縫い代を割る。
②表布と別布のベルト布を中表に合わせ、中央あたりに返し口を残して周囲を縫う。
③角の縫い代を斜めにカットする。
④返し口から引き出して表に返し、アイロンで整える。
⑤返し口を、針目が目立たないようにまつってとじる。

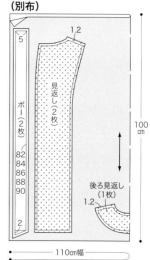

出来上り寸法 (単位はcm)

サイズ	5号	7号	9号	11号	13号
バスト	89	93	97	101	105
ウエスト	99	103	107	111	115
ヒップ	103.6	107.6	111.6	115.6	119.6
袖丈	52	52	54	54	56
着丈	78	78	80	80	82

X Line

Silhouette No.3

着丈	打合せ	衿	袖丈
ショート丈	シングルブレスト	Vネック	5分袖
ひざ下丈	ダブルブレスト	チェスターカラー	7分袖
セミロング丈		ラペルカラー	長袖
		クルーネック	

x1
セミロング丈
ダブルブレストのVネック
5分袖

x2
ひざ下丈
ダブルブレストのチェスターカラー
7分袖

x3
ショート丈
ダブルブレストのラペルカラー
5分袖

x4
ひざ下丈
ダブルブレストのラペルカラー
5分袖

x5
ひざ下丈
シングルブレストのクルーネック
長袖

x6
ショート丈
ダブルブレストのラペルカラー
5分袖

X1 セミロング丈+ダブルブレストのVネック+5分袖 (口絵 P.22)

パターン(3面)(4面)

X後ろ上身頃　X後ろ下身頃　X前上身頃
X前下身頃　X袖　X後ろ見返し
X前上見返し　X前下見返し　X袋布
X裏後ろ身頃　X裏前身頃　X裏袖

材料

表布 ポリエステルタフタⓀ…146cm幅
5・7・9号 3m10cm、11・13号 3m40cm
裏布…90cm幅 5・7・9号 80cm、11・13号 90cm
接着芯…90cm幅 1m
接着テープ…1.2cm幅適宜
ボタン…直径2.2cm 2個
くるみスナップ(ワンピースとして着用する場合)…直径1.1cm適宜

準備

・各見返しの裏面に接着芯をはる。
・前後衿ぐり、右前ウエストのボタンホール位置、脇ポケット口の縫い代裏面に接着テープをはる。
・各身頃の脇とウエストと後ろ中心、袋布の脇、前上下見返しの外回りの縫い代にロックミシン(またはジグザグミシン)をかける。

作り方

1　ダーツを縫う。→p.67
2　前身頃の上下を縫い合わせる。前見返しの上下も縫い合わせる。→p.31
3　後ろ身頃の上下を縫い合わせ、縫い代を割る。
4　ポケットを作りながら脇を縫う。→p.31
5　後ろ中心を縫う。→p.32
6　肩を縫う。→p.32
7　袖を作る。→p.58
8　袖をつける。→p.58
9　裏布を縫い、見返しと縫い合わせる。→p.38〜40
10　表身頃と裏身頃を縫い合わせて衿ぐり〜前端を整え、中とじをして裏袖をまつる。→p.40〜41、47
11　ボタンホールを仕上げてボタンをつける。→p.35
12　裾の始末をする。→p.35

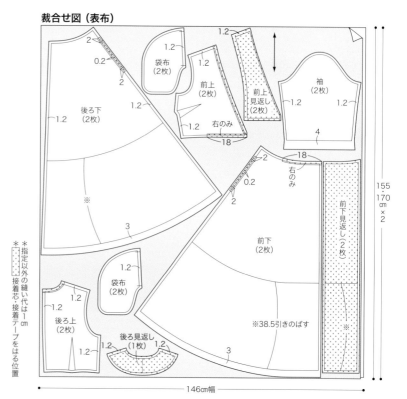

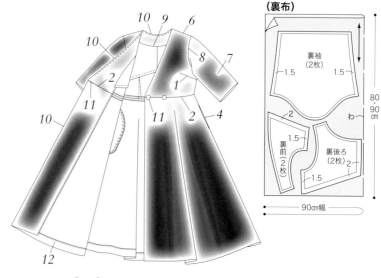

出来上り寸法					(単位cm)
サイズ	5号	7号	9号	11号	13号
バスト	87	91	95	99	103
ウエスト	74	78	82	86	90
ヒップ	122.4	126.4	130.4	134.4	138.4
袖丈	36.6	36.6	38	38	39.4
着丈	121	121	125	125	129

X2 ひざ下丈＋ダブルブレストのチェスターカラー＋7分袖 (口絵 P.24)

パターン（3面）（4面）

X後ろ上身頃　X後ろ下身頃　X前上身頃
X前下身頃　X衿　Xラペル　X袖
X後ろ見返し　X前上見返し　X前下見返し
X袋布　X裏後ろ身頃　X裏前身頃　X裏袖

材料

表布 グレンチェック（参考商品）◎…135cm幅
5・7・9号 3m、11・13号 3m30cm
裏布…90cm幅 5・7・9号 80cm、11・13号 90cm
接着芯…90cm幅 1m10cm
接着テープ…1.2cm幅適宜
ボタン…直径2.2cm 2個
くるみスナップ（ワンピースとして着用する場合）…直径1.1cm適宜

準備

・各見返し、衿、ラペルの裏面に接着芯をはる。
・前後衿ぐり、右前ウエストのボタンホール位置、脇ポケット口の縫い代の裏面に接着テープをはる。
・各身頃の脇とウエストと後ろ中心、袋布の脇、前上下見返しの外回りの縫い代にロックミシン（またはジグザグミシン）をかける。

作り方

1 ダーツを縫う。→p.67
2 前身頃の上下を縫い合わせる。前見返しの上下も縫い合わせる。→p.31
3 後ろ身頃の上下を縫い合わせて縫い代を割る。
4 ポケットを作りながら脇を縫う。→p.31
5 後ろ中心を縫う。→p.32
6 肩を縫う。→p.32
7 ラペルを縫う。→p.32
8 衿を縫う。→p.33
9 袖を作る。→p.58
10 袖をつける。→p.58
11 裏布を縫い、見返しと縫い合わせる。→p.38〜40
12 衿、ラペルを身頃に仮どめし、衿、ラペルをはさんで表身頃と裏身頃を縫い合わせて衿ぐりと前端を整え、中とじをして裏袖をまつる。→p.33〜34、40〜41
13 ボタンホールを仕上げてボタンをつける。→p.35
14 裾の始末をする。→p.35

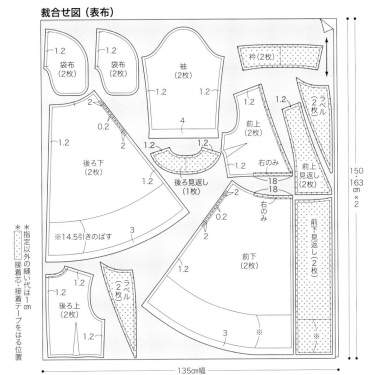

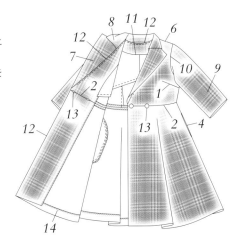

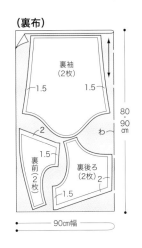

出来上り寸法					(単位はcm)
サイズ	5号	7号	9号	11号	13号
バスト	87	91	95	99	103
ウエスト	74	78	82	86	90
ヒップ	122.4	126.4	130.4	134.4	138.4
袖丈	42.5	42.5	44	44	45.5
着丈	97	97	100	100	103

X4 ひざ下丈＋ダブルブレストのラペルカラー＋5分袖 (口絵 P.26)

パターン（3面）（4面）

X後ろ上身頃　X後ろ下身頃　X前上身頃
X前下身頃　X前上中心身頃　X前下中心身頃
X袖　X後ろ見返し　X前上見返し
X前下見返し　X袋布　X裏後ろ身頃
X裏前身頃　X裏袖

材料

表布 ウール⑥…153cm幅
5・7・9号 2m、11・13号 2m30cm
別布 カシミヤ混ウール（参考商品）○
…150cm幅 80cm
裏布…90cm幅
5・7・9号 80cm、11・13号 90cm
接着芯…90cm幅 1m30cm
接着テープ…1.2cm幅適宜
ボタン…直径2.2cm 2個
くるみスナップ（ワンピースとして着用する場合）…直径1.1cm適宜

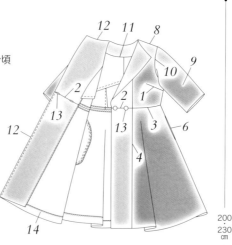

準備

・前の上下中心身頃、各見返しの裏面に接着芯をはる。
・前後の脇ポケット口の縫い代に接着テープをはる。
・各身頃の脇とウエスト、後ろ中心、前下身頃の前端側、前下中心身頃の脇側、袋布の脇、前上下見返しのウエストと外回りの縫い代にロックミシン（またはジグザグミシン）をかける。

作り方

1. ダーツを縫う。→図
2. 前中心身頃の上下を縫い合わせる。→図
3. 前身頃の上下を縫い合わせる。→図
4. 前中心身頃と前身頃を縫い合わせる。→図
5. 後ろ身頃の上下を縫い合わせて縫い代を割る。
6. ポケットを作りながら脇を縫う。→p.31
7. 後ろ中心を縫う。→p.32
8. 肩を縫う。→p.32
9. 袖を作る。→p.38
10. 袖をつける。→p.38
11. 裏布を縫い、見返しと縫い合わせる。→p.38〜40
12. 表身頃と裏身頃を縫い合わせて衿ぐり、前端を整え、中とじをして裏袖をまつる。→p.40・41、51（ただし前端の見返しと縫い代を押さえるステッチはウエスト〜裾までにかける）
13. ボタンホールを仕上げてボタンをつける。→p.35
14. 裾の始末をする。→p.35

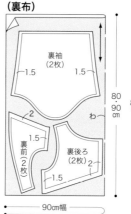

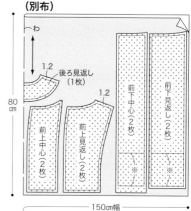

出来上り寸法 （単位はcm）

サイズ	5号	7号	9号	11号	13号
バスト	87	91	95	99	103
ウエスト	74	78	82	86	90
ヒップ	122.4	126.4	130.4	134.4	138.4
袖丈	36.6	36.6	38	38	39.4
着丈	97	97	100	100	103

1 ダーツを縫う。

前上身頃、後ろ上身頃ともダーツ分を中表につまんで縫う。縫い代は、前上身頃は上側に、後ろ上身頃は中心側に倒してアイロンで整える。

2 前中心身頃の上下を縫い合わせる。

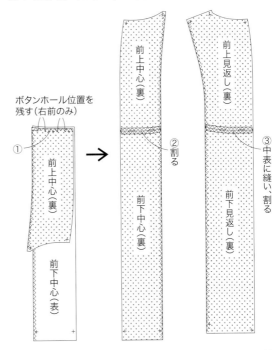

①前上中心身頃と前下中心身頃のウエストを中表に合わせ、右前はボタンホール位置を残して縫う。ボタンホールの前後はしっかり返し縫いをする。
②ウエストの縫い代をアイロンで割る。
③前上見返しと前下見返しのウエストも①と同様に縫い、縫い代を割る。

3 前身頃の上下を縫い合わせる。

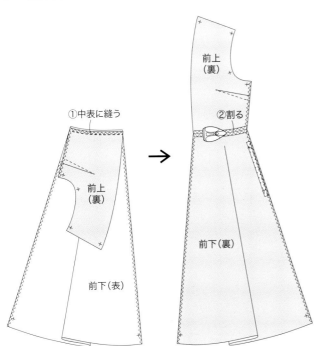

①前上身頃と前下身頃のウエストを中表に合わせて縫う。
②ウエストの縫い代をアイロンで割る。

4 前中心身頃と前身頃を縫い合わせる。

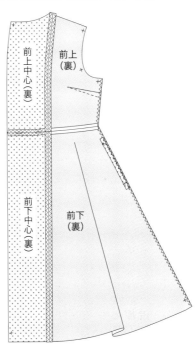

*2*の前中心身頃と*3*の前身頃を中表に合わせて肩〜裾までを続けて縫い、縫い代をアイロンで割って整える。

X3 ショート丈＋ダブルブレストのラペルカラー＋5分袖 (口絵 P.25)

パターン（3面）（4面）
X後ろ上身頃　X後ろ下身頃　X前上身頃　X前下身頃　X袖
X後ろ見返し　X前上見返し　X前下見返し　X袋布　X裏後ろ身頃
X裏前身頃　X裏袖

材料
表布 インドシルクシャンタン◎…110cm幅
5・7・9号 3m30cm、11・13号 3m70cm
裏布…90cm幅 5・7・9号 80cm、11・13号 90cm
接着芯…90cm幅 60cm
接着テープ…1.2cm幅適宜
くるみスナップ…直径1.1cm 2組み

準備
・各見返しの裏面に接着芯をはる。
・前後の脇ポケット口の縫い代裏面に接着テープをはる。
・各身頃の脇とウエストと後ろ中心、袋布の脇、前上下見返しの外回りの縫い代にロックミシン（またはジグザグミシン）をかける。

作り方
1　ダーツを縫う。→p.67
2　前身頃の上下を縫い合わせて縫い代を割る。前見返しの上下も縫い合わせて縫い代を割る。
3　後ろ身頃の上下を縫い合わせ、縫い代を割る。
4　ポケットを作りながら脇を縫う。→p.31
5　後ろ中心を縫う。→p.32
6　肩を縫う。→p.32
7　袖を作る。→p.58
8　袖をつける。→p.58
9　裏布を縫い、見返しと縫い合わせる。→p.38～40
10　表身頃と裏身頃を縫い合わせて衿ぐり～前端を整え、中とじをして裏袖をまつる。→p.40～41、51（ただし前端の見返しと縫い代を押さえるステッチは、ウエスト～裾までにかける）
11　裾の始末をする。→p.35
12　ベルトを作る。→図
13　スナップをつける。右前は見返し側に凸スナップを、左前は身頃表面に凹スナップをつける。

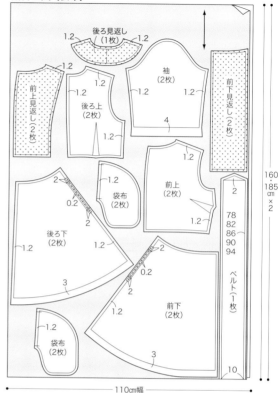

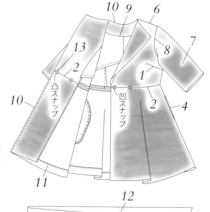

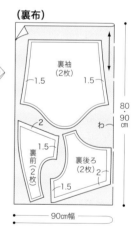

12　ベルトを作る。

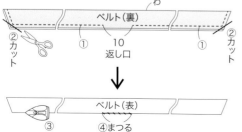

①ベルト布を中表に折り、中央あたりに返し口を残して3辺を縫う。
②角の縫い代を斜めにカットする。
③返し口から表に返してアイロンで整える。
④返し口を針目が目立たないようにまつる。

出来上り寸法					(単位：cm)
サイズ	5号	7号	9号	11号	13号
バスト	87	91	95	99	103
ウエスト	74	78	82	86	90
ヒップ	122.4	126.4	130.4	134.4	138.4
袖丈	36.6	36.6	38	38	39.4
着丈	82.5	82.5	85	85	87.5

X5 ひざ下丈+シングルブレストのクルーネック+長袖 (口絵P.27)

パターン（3面）（4面）

X後ろ上身頃　X後ろ下身頃　X前上身頃　X前下身頃
X袖　X袖口切替え布　Xパッチポケット　X前上見返し
X前下見返し　X裏後ろ身頃　X裏前身頃　X裏袖

材料

表布 ポリエステルジャカードⒺ…133cm幅
5・7・9号 2m80cm、11・13号 3m10cm
裏布…90cm幅 5・7・9号 90cm、11・13号 1m
接着芯…90cm幅 80cm
くるみスナップ…直径1.1cm 8組み

準備

・各見返しの裏面に接着芯をはる。
・各身頃の脇とウエストと後ろ中心、パッチポケットの周囲、前上下見返しの外回りの縫い代にロックミシン（またはジグザグミシン）をかける。

作り方

1. ダーツを縫う。→p.67
2. 前身頃の上下を縫い合わせて縫い代を割る。前見返しの上下も縫い合わせて縫い代を割る。
3. 後ろ身頃の上下を縫い合わせる。→図
4. 脇を縫い合わせて縫い代を割る。
5. パッチポケットを作って脇につける。→p.37
6. 後ろ中心を縫う。→p.32
7. 肩を縫う。→p.32
8. 袖を作る。→p.60
9. 袖をつける。→p.58
10. 裏布を縫い、見返しと縫い合わせる。→p.38～40
11. 表身頃と裏身頃を縫い合わせて衿ぐり～前端を整え、中とじをして裏袖をまつる。→p.40～41, 51
12. 裾の始末をする。→p.35
13. スナップをつける。右前は見返し側に凸スナップ、左前は身頃表面に凹スナップをつける。

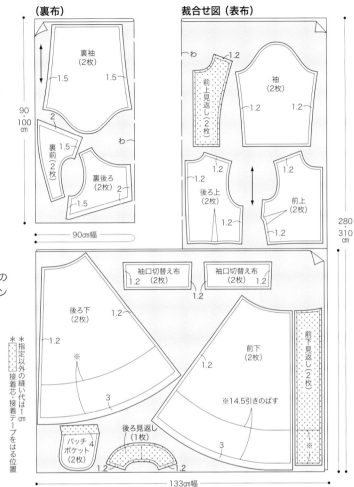

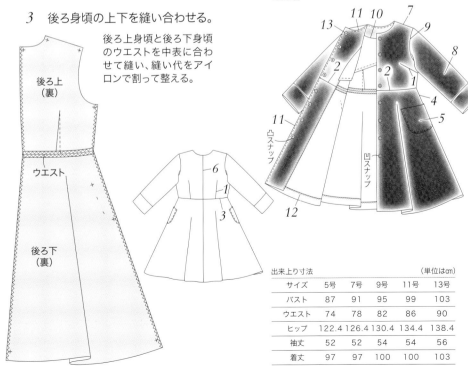

3　後ろ身頃の上下を縫い合わせる。

後ろ上身頃と後ろ下身頃のウエストを中表に合わせて縫い、縫い代をアイロンで割って整える。

出来上り寸法 (単位はcm)

サイズ	5号	7号	9号	11号	13号
バスト	87	91	95	99	103
ウエスト	74	78	82	86	90
ヒップ	122.4	126.4	130.4	134.4	138.4
袖丈	52	52	54	54	56
着丈	97	97	100	100	103

X6 ショート丈＋ダブルブレストのラペルカラー＋5分袖 (口絵 P.28)

パターン（3面）（4面）
X 後ろ上身頃　X 後ろウエスト切替え布
X 後ろ下身頃　X 前上身頃
X 前ウエスト切替え布　X 前下身頃　X 袖
X 袖中切替え布　X 袖口切替え布　X 袋布
X 前上見返し　X 前下見返し　X 後ろ見返し
X 裏後ろ身頃　X 裏前身頃　X 裏袖

材料
表布A 綿サテン◎…112cm幅
5・7・9号 1m、11・13号 1m10cm
表布B ポリエステルタフタⓀ…146cm幅
5・7・9号 1m50cm、11・13号 1m70cm
表布C グレンチェック（参考商品）◎
…148cm幅 30cm
裏布…90cm幅 5・7・9号 80cm、11・13号 90cm
接着芯…90cm幅 60cm
接着テープ…1.2cm幅適宜
くるみスナップ…直径1.1cm 7組み

準備
・各見返しの裏面に接着芯をはる。
・前後の脇ポケット口の縫い代裏面に接着テープをはる。
・各身頃の脇とウエストと後ろ中心、前後上身頃の下端、前後ウエスト切替え布の上端、袋布の脇、前の上下見返しの外回りの縫い代にロックミシン（またはジグザグミシン）をかける。

作り方
1. ダーツを縫う。→図
2. 各前身頃を縫い合わせる。→図
3. 各後ろ身頃を縫い合わせる。→図
4. ポケットを作りながら脇を縫う。→p.31
5. 後ろ中心を縫う。→p.32
6. 肩を縫う。→p.32
7. 袖を作る。→p.58
8. 袖をつける。→p.58
9. 裏布を縫い、見返しと縫い合わせる。→p.38～40
10. 表身頃と裏身頃を縫い合わせ、衿ぐり～前端を整え、中とじをして裏袖をまつる。→p.40～41、51（ただし前端の見返しと縫い代を押さえるステッチは、ウエスト～裾までかける）
11. 裾の始末をする。→p.35
12. スナップをつける。右前は見返し側に凸スナップを、左前は身頃表面に凹スナップをつける。

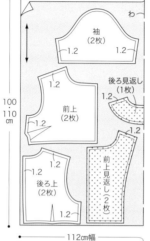

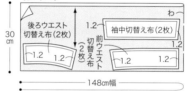

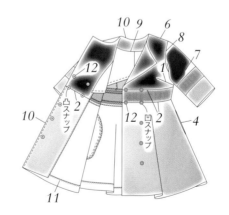

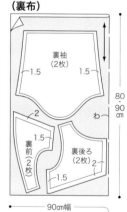

出来上り寸法 (単位:cm)

サイズ	5号	7号	9号	11号	13号
バスト	87	91	95	99	103
ウエスト	74	78	82	86	90
ヒップ	122.4	126.4	130.4	134.4	138.4
袖丈	36.6	36.6	38	38	39.4
着丈	82.5	82.5	85	85	87.5

1 ダーツを縫う。

前上身頃、後ろ上身頃ともダーツ分を中表につまんで縫う。縫い代は、前上身頃は上側に、後ろ上身頃は中心側に倒してアイロンで整える。

2 各前身頃を縫い合わせる。

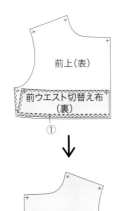

①前上身頃と前ウエスト切替え布を中表に合わせて縫う。
②①の縫い代をアイロンで割る。
③②の前上身頃と前下身頃のウエストを中表に合わせて縫う。
④ウエスト縫い代をアイロンで割る。
⑤前上見返しと前下見返しのウエストを中表に合わせて縫い、縫い代をアイロンで割る。

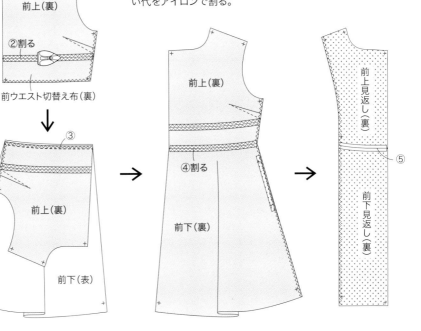

3 各後ろ身頃を縫い合わせる。

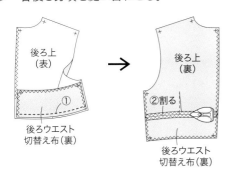

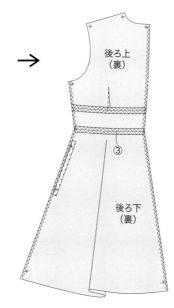

①後ろ上身頃と後ろウエスト切替え布を中表に合わせて縫う。
②①の縫い代をアイロンで割る。
③②の上後ろ身頃と後ろ下身頃のウエストを中表に合わせて縫い、縫い代をアイロンで割る。

鈴木 圭

1978年3月生れ。文化服装学院アパレルデザイン科卒業後渡米しunited bambooや、ニューヨーク・コレクションに参加するクチュールメゾンで3年間研鑽。帰国後はウェディングデザイナーとして、クチュールドレスのデザイン・製作に携わる。また、ファッションイラストレーターとして、ベイクールズのウインドーディスプレーやweb向けのイラストレーションを製作。2013年、atelier KEISUZUKIをスタートし現在に至る。

atelier KEISUZUKI／アトリエ ケイスズキ

「ウェディングドレスを着るような高揚感を日常に」四季を通じたイベントやセレモニー、そしてビジネスシーンにもぴったりなワンピースやジャケットを、カスタムオーダーを中心にお届けします。

〒231-0014 横浜市中区常磐町3-27-3 ラパンビル403
TEL：045-323-9012
JR京浜東北線、市営地下鉄関内駅より徒歩3分
みなとみらい線馬車道駅より徒歩7分

http://atelier-keisuzuki.com/

＊当アトリエは店舗ではございませんため、ご来店前にはご予約をお願いいたします。

布地提供
※布地は一部シーズン商品のため手に入らない場合もあります。

Ⓔ＝エレガンス
〒116-0014 東京都荒川区東日暮里5-33-10
TEL:03-3891-8998

Ⓞ＝オカダヤ新宿本店
〒160-0022 東京都新宿区新宿3-23-17
TEL:03-3352-5411

オカダヤ新宿アルタ 生地館
〒160-0022 東京都新宿区新宿3-24-3
新宿アルタ（4F・5F）
TEL:03-6273-2711
http://www.okadaya.co.jp/shinjuku/
http://www.okadaya-shop.jp/1/

Ⓚ＝アトリエ ケイスズキ
http://atelier-keisuzuki.com/product/books
※ウェブサイトにて購入方法をご案内しています。

3つのシルエットで作る
「羽織れる」コートドレス

2018年12月2日　第1刷発行

著　者　鈴木　圭
発行者　大沼　淳
発行所　学校法人文化学園 文化出版局
　　　　〒151-8524 東京都渋谷区代々木3-22-1
　　　　TEL:03-3299-2401（編集）
　　　　TEL:03-3299-2540（営業）

印刷・製本所　株式会社文化カラー印刷

参考書籍　『きれいな仕立てのプロの技』（文化出版局）

ⒸKei Suzuki 2018 Printed in Japan
本書の写真、カット及び内容の無断転載を禁じます。

・本書のコピー、スキャン、デジタル化等の無断複製は著作権法上での例外を除き、禁じられています。本書を代行業者等の第三者に依頼してスキャンやデジタル化することは、たとえ個人や家庭内の利用でも著作権法違反になります。
・本書で紹介した作品の全部または一部を商品化、複製頒布、及びコンクールなどの応募作品として出品することは禁じられています。
・撮影の状況や印刷により、作品の色は実物と多少異なる場合があります。ご了承ください。

文化出版局のホームページ　http://books.bunka.ac.jp/

ブックデザイン
関口良夫（SALT*）

撮影
青木倫紀

パターン製作
山口智美

CADグレーディング
上野和博

縫製
m＆s

作り方解説
百目鬼尚子

デジタルトレース
文化フォトタイプ
鈴木舞華

校閲
向井雅子

編集
平山伸子（文化出版局）